HOW THE TWINS GREW UP

A collection
of short stories
for children

by Milutin Djurickovic

How the Twins Grew Up:
A Collection of Short Stories for Children /
Cómo crecieron los gemelos:
Una colección de cuentos para niños

Copyright © 2020 Jade Publishing

No part of this publication may be stored in a retrieval system, transmitted or reproduced in any way, including but not limited to photocopy, photograph, magnetic, laser or other type of record without prior agreement and written permission of the publisher.

First published in 2020 by
Jade Publishing
UNITED STATES OF AMERICA
P.O. Box 8413
Corpus Christi, TX. 78468

www.jadepublishing.org

ISBN-13: 978-1-949299-15-1

Printed in the United States of America

CONTENTS

OUR ORIGINS AND BIRTH 7

THE FIRST DAY AT KINDERGARTEN 11

A FIELD TRIP ON THE MOUNTAIN 17

KIDS FROM THE NEIGHBORHOOD 21

CELEBRATION OF THE FIFTH BIRTHDAY 25

OUR PHILOSOPHICAL DISCOVERIES 27

UNUSUAL CHESS EXPERIENCES 31

GRANDMA RETURNS FROM THE HOSPITAL 35

GRANDMOTHER AND HER MARRIAGE 39

AN IMPORTANT CONVERSATION WITH DAD 43

ABOUT THE AUTHOR 46

OUR ORIGINS AND BIRTH

My ancestors came from a mountain village, and as years went by, they moved to a town. My grandfather's name was Petar. He was young when he died of some rare and unknown disease, and left the house full of children. The oldest among them was my father who, from an early age, had to take care of everything. When he grew up, he married a girl from a neighboring town. After a year of a harmonious marriage, their dreams came true and they had a baby on the way.

– You should give us a gift now, you have a son! – my father was told at a maternity hospital.

On that day, 1st of July, he was very happy and confused at the same time.

– Of course – my father replied, on his way to buy the gifts.

In ten minutes, he came back to the maternity ward, carrying gifts to the nurse who had announced the good news to him.

– You have a son, you should give us a gift! – The same woman told him with a big smile on her face.

– I know, you told me – my father answered, expressing his gratitude and presenting gifts.

– Yes, but that was the first son. There is another one!

My father was dumbstruck and stood for a moment.

– Are you sure? – he asked, agitated.

– Of course, congratulations! You have twins, and your wife is well and recovering – she said.

Without much hesitation, my father went to fetch another gift. He felt as if he had wings. He treated everybody without exception. When he came back to the maternity ward, he addressed the very same nurse:

– Tell me, are there more kids, so I don't have to go again to bring gifts?

The woman, of course, understood the joke and added that my father was a very lucky man, because having twins was not a small thing.

After a few days spent in the hospital, satisfied and happy, mother returned home with two sons in her arms. The whole family was excited and happy, and they were already contemplating about our names. Everyone had their own suggestions:

– Jorgos and Dimitrios – my uncle said.

– Rambo and Dumbo – added another aunt.

However, although all proposals were nice, our parents decided that our names would be Siniša and Saša. Everyone loved it; even the best man was informed. However, everything changed when our grandmother returned from the spa. Since she was the eldest in the family, her word was much appreciated:

– I don't like these names, because I'm toothless and cannot pronounce them. Name them Milutin and Milan!

This is how the two of us finally received our names. Our godfather only blessed what grandma had said, and there were no more discussions. As time passed by, the two of us had grown side by side. They say that we were totally the same, and only our mother could recognize us by the way we were crying.

– If this is Milutin, then the other one must be Milan!

– And what if it were the other way around? – The household members would say.

Keeping in mind that in those days, 40-something years ago, a twin baby pregnancy was a rarity – we had to be sealed together! They always bought us toys, food, clothes and everything else in twos. This is why there was no reason to quarrel or argue about anything. The household members say we were good and quiet babies, and we have tried to be such people later in life.

Our grandmother loved and took care of us in a special way because we were her first grandsons. Everybody pampered and protected us in the best possible way. The first words I uttered were not *mom* or *dad* – but *granny*! And my brother's first word was – *money*!

The first problems emerged when we started to walk. We would go to the hen-house, eat the dirt from the flowerpots, open the door of the washing machine and drink the water inside. We would stretch our cat like a slingshot and pour milk upon each other...

Granny always defended us, saying that we were still small.

We were always in the spotlight, no matter what kind of celebrations or guests were involved. Everyone said we brought good luck and prosperity, abundantly treating us and giving us presents, and we liked it a lot, so we would go to the neighbors even when it was not Christmas.

Our granny often used to tell us folk songs and lullabies, mommy short stories and fairy tales, and our daddy some verses—with content we could not best understand.

THE FIRST DAY AT KINDERGARTEN

Everybody was happy and, above all, excited when the time came for us to attend kindergarten. Our mommy would put small formal clothing suits and colorful ties on us, while our father made our hairstyles by dipping the comb in cold water.
– They are as handsome as their daddy and as smart as their father. – He would say with pride and laughter.
– Are you sure? – mom protested. – As if I didn't deliver them to this world...
The first day at kindergarten was very formal. Everything resounded with games and songs. Usually, both parents attend the kindergarten reception for a new generation of kids, but we were accompanied by the whole expedition of ten or more members, starting with our grandmother, aunts and uncles, and even our next-door neighbors!
Our family delegation occupied almost half of the kindergarten, while other guests were standing. The main teacher was amazed and kept asking:
– What, didn't you bring more relatives?

Our father did not understand the irony completely, so he kept apologizing and justifying.

– Please do not blame us, others are busy and officially absent. That's why just a few of us could be here...

When the teacher heard this, her jaw dropped and she could not believe it. While the cameras were snapping everywhere, the kids were individually addressing the audience, reciting various poems about family love, home, happiness...

Everybody was eagerly expecting our performance. Some children had stage fright, they would begin to cry, and then would rush into the arms of their parents. However, when we appeared on stage, the two of us were very confident and cool. We stood next to each other and started our choral singing:

My little blond-hair girl / You are always on my mind!

The audience was stunned! Nobody was sure what was going on. The main presenter of the program immediately reacted, realizing it was an inappropriate song, not an everyday recitation for children, and she stopped our performance.

– OK. That's it, enough! Come on now, let's hear someone else! – she said nervously.

However, to everybody's surprise, the audience had found it to be cute, so they rewarded us with smiles and applauses. The program presenter was unsuccessfully trying to remove us from the stage because the two of us were still saying the verses, while the chuckles were noted among those in attendance.

– Bravo to my grandsons! – granny yelled.

– Kisses from your father! – exclaimed our father.

– My little dolls! – mother comforted herself.

The program presenter was sweating; the color of her face was constantly changing while she was begging us to end our performance. However, we paid no attention to that until we got to the end and told the last line of the song we had learned.

This is how our first appearance at the "Blue Lock" kindergarten ended, and it would be remembered for a long time. For our family, it was another success in the series, but only later, we would discover that the main teacher had harshly criticized my father because of the inappropriateness of the song that we so bravely recited.

However, our father did not care much about that. He just smiled and winked at us. Half of the family was engaged in us going to kindergarten every day, while we expertly enjoyed the attention and benefits. It turned out later that five of them (our grandmother, father, mother, aunt and uncle) were insufficient in taking care of us, so they had to look for another woman who would watch over us during the afternoon hours.

It was a fine middle-aged woman with glasses and short hair. Her name was aunt Goga, but we added "old witch" to her name. She immediately became fond of us and accepted us with great love. She would spend all day with us, especially during weekends, playing with us, giving us food and drinks.

However, this did not last long. It all started one winter afternoon when aunt Goga went out to the balcony to hang the laundry that had just been washed. Although it was very cold outside, she went out just for a second, closing the door behind her. There was a real blizzard on the balcony with big flakes of snow. The two of us were playing inside and, at one point, spontaneously or by accident, locked the balcony door and continued playing on our own.

Shortly afterward, aunt Goga tried to enter from the balcony, but was stunned when she realized that the door had been locked! In the beginning she asked us in a very nice way to unlock the door, then she knocked and yelled. But when she started to freeze, she began to frantically scratch at the door, like a cat. During that time, my brother and I were playing dominoes in a warm room, unaware of the situation that nanny had found herself in.

To be honest, we could hear her cries and yelling, but as we were carried away by the game, we could not assume the seriousness of the situation that had arisen. To make things worse, we would often go to the living room where we could not hear her cries for help.

Since the balcony was on the third floor and facing the opposite side of the main street, no one could see or hear her. From time to time, we would walk into the room to see aunt Goga through the stained glass, shivering and tapping on her toes. We would wave at her and continue with our game. We did not understand her words because of the strong wind, but we were confused even more by the threatening signals of her finger and we did not know what to do.

It lasted only a few hours, until our parents returned from work. Other family members were away paying some visits somewhere. So the fate of aunt Goga was in God's hands. However, that was not the end to it all. Daddy was late from work, and as soon as mother arrived, she immediately entered the bathroom to remove her makeup and to wash her hands, and that meant an

additional thirty minutes or more.
- Where are my golden little children? - mom said.
- Have you been good again?
- Yes, mommy! -the two of us replied at once, hugging her.

So we were embracing and greeting her a few more minutes, until mother asked:
- Why are you alone? Where's aunt Goga?
- We do not know, mom. We were playing in the room with our toys - we replied sincerely and innocently.

Our mother put us on the floor and started to look for our nanny in the other rooms. When she saw the frozen woman on the terrace, she screamed loudly and immediately unlocked the door.
- For God's sake, kids, what did you do?! - our mother shouted.

We were watching dumbfounded, still not understanding what was going on, while aunt Goga had turned blue with cold, covered with snow and rolling her eyes and clicking her teeth, not managing to utter a single word! Mommy brought the heater and covered the woman who was chilled to the bones with blankets. Then she cooked a chamomile tea, constantly apologizing and threatening the two of us.
- You'll see what will happen when your father gets here!
- Did you hear what your mother said? - my brother asked me.
- She didn't say that to me, she said it to you - I defended myself.

I don't remember precisely how the situation ended, but I know for sure that aunt Goga did not look after us afterward, and our father paid her a recovery in a spa.

A FIELD TRIP ON THE MOUNTAIN

For us, kindergarten was fun. While the other little children had difficulties with companionship and bonding with the others, we had already gotten used to all that. One day, our teacher, Annie, notified us, and then the parents over the phone, that we were going on a one-day field trip to the nearby mountain. Our family, who was always ready and responsible about everything, took it very seriously.

Since she had been in charge of public relations, my grandmother went around the area every day and notified all the neighbors:

– My grandchildren are going on a field trip!
– How about the other children? – they asked.
– I Don't know about the others. What`s important to me is that our twins are going! – grandma was saying.

Because of that field trip, dad took a sick leave for a month and mom took a vacation. Preparation for the field trip was very thorough and extensive. Even though the teacher said that everything was provided for us, and that in our backpacks we should only bring sandwiches

and juices, our family prepared two large suitcases with summer and winter clothes – just in case.
– They don't know what the mountain is. The weather might get worse and then what? – grandma said.
– The teachers are young and don't have experience so they don't know their job – dad said.
– What am I going to do without my kids all day!? – mom was moaning.

We were just quiet and watched the preparations going on. Everyone was working in a hurry and spinning around the house. The suitcases soon became full of our stuff, so we had to take another big traveling bag, in which we carried a few pairs of footwear-from sandals and sneakers to shoes and boots.

Although the field trip lasted for just one day, our house was such a mess and racket as if we were going to be absent for a whole year. When we finished packing, it was time for a big family speech. Every one of them had something very important to say or wanted to give some advice.

– Blow in your soup even if it's cold – grandma was warning us.
– Don't fight with other children, you can do that with each other – dad was saying.
– Know the difference between your toothbrush and your shoe brush – mom said.

Upon parting, there were crocodile tears. While the other children cried because they were separating from their parents, with us, the situation was the opposite: our family cried because we were going to spend one day without them. For the two of us, it was not important, as long as something was going on.

The teacher was complaining that we carried too much unnecessary luggage, but dad didn't pay much attention to that, so he himself pushed suitcases and the bag into the bus. Then, another problem occurred. Dad didn't like that the bus was a double-decker.
- Sit on the lower seats, because there's no driver upstairs! - dad advised us.
The field trip to the mountain had a nice atmosphere and companionship. We became small mountaineers. We walked through forest trails and glades, enjoying the natural beauties of a great mountain. Like little ducks follow their mother duck, we were following our teacher. When the time for lunch came, a big surprise was waiting for us. A bus stopped in the parking space in front of our hotel, and the members of our family came out one by one.
The first was grandma:
- Children! Hey, children!
- Where are you, my sons? How long has it been since we last saw each other? - dad said.
- Oh, how they grew, my chickens! - mom shouted.
Both of us were quietly watching what was going on, while the teacher was wondering in surprise:
- Why did you come? We would come back after lunch anyway...
- How can you ask something like that!? Don't you see that we wanted to see our children!? - grandma said while she was hugging and kissing us in front of everyone.
After almost an hour of saying hello and talking with our family, the teacher somehow managed to separate us and take us to lunch. While other children were wondering why no one came to visit them, our grandma,

dad, mom and the rest were watching us through the glass door of the hotel dining room, waving and wiping their tears.

– I`ve never seen anything like this before! – the teacher said, begging them to leave us alone, at least while we were eating.

We arrived from the field trip before sunset. There was an indescribable celebration at our house. Grandma called an orchestra, dad prepared a big firework, mom made two nice cakes, which had written: *Welcome back, little mountaineers!*

Since the two of us were pretty tired from the field trip, we went straightaway to our bunked bed, while the celebration in our house lasted until dawn.

KIDS FROM THE NEIGHBORHOOD

Almost every day, my brother and I play with our buddies on the street, in the nearby park or in the neighborhood. We gather around an old bench, play futsal or marbles or dodge ball. Nothing can disrupt our play, not even the car noise from the street. While mom makes lunch in the afternoon, dad often gets out with us to walk in the park or read newspapers on the bench.

While watching us playing one day, dad spotted a kid with long curly hair, who was playing with the girls and then kicking the ball with the boys. That was funny and interesting for him because he couldn't decide whether it was a boy or a girl. He was trying to find out somehow, expecting someone to call that kid by name. However, it didn't happen, so dad got more interested and decided to solve that dilemma.

– Kids, listen! – dad called us and whispered: – Try somehow to find out if that is a boy or a girl. I`m really curious about it. But try to be thoughtful...

– Ok, dad – my brother answered.

– We will check that right away. – I said and went

with my brother toward our friends.

When we were close enough to the kid, who alternately played with dolls and football with boys, my brother asked:

– Hey, are you a boy or a girl?

– What? – that kid turned around, not knowing what it was about.

– Dad, it's a girl! – I shouted loudly, turning to my father. When he heard that, he turned immediately aside and covered his face with the newspaper. We didn't quite understand that gesture of his, but we were proud that we finally solved our father's dilemma.

A discussion often went on among the boys about whose dad was the best, most respected, strongest... Every one of us had his reasons and arguments, which they would proudly point out, no matter if they were false or true. Although there was exaggerated bragging, for us, it seemed completely acceptable and usual.

– My dad is the bravest! He is so capable that he can drink water from the faucet all at once! – said dark-skinned and tall Sasha with confidence.

– That's nothing! – Zack added. – My dad can ride for free in a taxi, without anyone noticing that!

Chubby Tom didn't go without a comment about his father.

– You won't believe me, but my father is so capable that he can close a revolving door!

– How can he do that? – we were all wondering.

My brother was listening to all that very carefully, and then said:

– Our father is the coolest because he spends grandma's paycheck, and she doesn't know it!

– But that's not all! – I said with pride. When he walks down the street, everyone is afraid of him. When he passes, nothing makes a move...

So on, while our persuasion and arguments with each other lasted, we heard someone's call for help and crying.

– Help! An Alsatian dog is unchained!

Not knowing what it was about, we turned toward the direction from where the voice of a frightened man was coming, moaning so loudly and calling for help. Although surprised, we didn't get scared. On the contrary, we stayed where we were, wishing to find out what was really going on. After a few minutes of uncertainty, the shadow of an unknown man appeared through the trees, rushing and waving with his hands.

– Run, kids! Here comes the big Alsatian dog!

We were standing and watching with astonishment. As the man was getting closer, we recognized more and more the face of our frightened father, google-eyed and open-armed, as he was running and climbing up a tree. Instead of the big Alsatian dog, a small white poodle appeared after him, which was so tiny that it could barely bark:

– Woof, woof!

While other kids were laughing with pleasure to all this, the two of us watched our father's shame.

– Is this your brave dad? – they asked us mockingly.

– Yes, he is – my brother said.

– No, he isn't – I answered disappointed.

Only later, after a few hours, when the other kids went away because of the dark and the poodle finally returned to its owner, dad climbed down the tree and went to home like nothing happened.

Since then, we never talked about his bravery and fearlessness to anyone.

CELEBRATION OF THE FIFTH BIRTHDAY

Our fifth birthday was not only celebrated by close and extended family, but half of the city. It was a complete national holiday.

We had to wear little ties and slick our hair in the way our father loves and then take photos with all the guests. There was eating and drinking to death and the music was too loud. Due to a large number of guests and their cars, traffic was completely stopped in our street and the police did not make any problems, because they knew what it was about.

In our house, it echoed: *Happy birthday, dear twins!* It seemed to me that from that day our ears became floppier, because all of the guests pulled them, and some did it with a smile and enthusiasm. Our room was filled with a large number of gifts.

However, we loved pets the most. My brother got a black puppy, and I got a white kitten. They were so cute and cuddly that you could not resist. With children who had arrived at the birthday, we immediately started thinking about how we would call them. My brother suggested the names Philip and Emy but we decided Judit for the puppy and Irina for the kitten.

When the celebration was over, it took a few days until we returned the house to its original condition. The neighbors were finally relieved of the tremendous noise and roistering.

– Thank God, it will be quiet until next year – they said.

After this birthday, we spent most of the time with Irina and Judit and constantly offered them something to eat or drink. Soon they grew and were already accustomed to all of us in the house. We took care of them regularly, took them out, bathed them with special shampoos and kept them warm.

However, as they grew, it was harder to keep them in the house. At first we could not understand, but after the numerous persuasions from the whole family, we somehow agreed to take our adult dog and the cat to some friends in the village.

After we grew up a bit, our mother confessed this was done because several times – by mistake or on purpose, it is not clear yet – our father was seen eating pet food and the result was moving the dog and the cat from the house.

OUR PHILOSOPHICAL DISCOVERIES

Ever since childhood, my brother and I used to philosophize and think about the world around us. During the time when other kids rolled around in the sand, played tag or hide and seek, we dealt with serious readings and interpretations of life issues and problems. He was interested in natural sciences, but I was more interested in social ones. Yet, we had very similar attitudes and opinions on many topics. If the morning shows what the coming day will be like, it was already obvious that we would be some kind of scholars and thinkers.

My brother used to say he would study astronomy and philosophy, but our father advised him something else:

– There is no use for it. You shouldn't enroll in any useless school – our father used to say, laughing, not understanding, even a little, our curiosity for research.

In addition to history and philosophy, I was interested in criminology, and dad had a special comment on it:

– You cannot enroll in criminology because of your

criminal childhood background!

We didn't get angry for his apparent lack of understanding about our ambitions. On the contrary, we were even more dedicated to our scientific creativity. Not that I want to brag, but in that field, we had achieved certain results in certain philosophical theories concerning rules of life and concrete advice.

In a way, as it is usually done in professional circles, we protected our inventions and views at the copyright agency. That way we were protected from plagiarism or possible rewritings, since it's more and more frequent in our country and in the world.

For this occasion, I will tell a few basic phrases from our philosophical theories referring to some general problems in everyday life:

If you are lean and skinny today, you will be like that tomorrow.

Regardless of gender, religion and race, a monkey is a monkey.

Don't believe anyone who lies to you.

Before going to sleep, you are obliged to take your boots off, but glasses too.

Thorny is the path to the stars, and therefore, you should not go barefoot...

Our father does not have a lot of understanding for these achievements of ours, and we don't blame him. Mama always says to leave it for a better time, when she is rested and in a good mood. Only our grandma understands us to a certain degree. She claims that we are very promising scientists who will exceed even Socrates.

Unlike the others, grandma sometimes shows interest, dashing into our room to see what it is we deal

with in our spare time. When she spots us among various writings and opened books, she always asks:
– Children, are you okay? Would you like something to eat or drink? Why don't you play around, like all the other kids?
– Leave us alone, granny. We are on the verge of great scientific discoveries which will benefit all humanity – we used to say, but she obviously could not understand it.
– And what is it about, if I may know?
We are considering a problem of global proportions which is the following: why is there so much salt in the sea, and no pepper at all? – we responded to her, outlining our observations and irrefutable facts.
– Those who go crazy while young, live a life full of joy – grandma said, summoning some sources that were known only to her.

For these and other reasons, we were closer and closer to our final decision to study philosophy when the time came. We were deeply convinced that we could make a contribution to the creation of a new course in this scientific field, which would be based on our assumptions and theorems.

Our friends, however, seemed to have no understanding of it, often making jokes about it all. Some said we should keep clear of bad business because there was no use for it.

Of course, we did not get angry and understood their skepticism. Anyway, it is known that other great philosophers were also faced with various resistance and misunderstandings of their social environment in which they lived and worked, so why should we be an exception.

MILUTIN DJURICKOVIC

UNUSUAL CHESS EXPERIENCES

Fifth and sixth grade were particularly interesting to us, because we had gotten a few new teachers who were quite a refreshing change. One of them, a substitute for the geography teacher, was quite an absent-minded and forgetful man. We didn't misuse that character trait of his, although, at times, funny situations would occur.

One morning several of us were supposed to answer questions in front of the class. Before me, he was questioning a few other students whose knowledge was more or less good.

Then it was my turn. His question was about something I didn't study or brush up upon, so I remained silent the whole time, not wanting to embarrass myself and convinced I'd be slammed with an F. As I stood there silent like a fish, he was gazing through the window, leaning on his elbows with his mind wandering god knows where. He roused only after several minutes and said:

– Your last answer was a bit off, so I can't give you more than a B...

I went mute, unable to believe what was happening.

I was not hoping for that and was overjoyed with the unexpected outcome. But my brother made sure it didn't end there.

– Teacher, why not give him an A anyway, he knew most of the questions? Bring some happiness to the poor guy, it's New Year! You're a good man and he's an alright boy...

– Alright, have it your way. Although I don't know why you're pushing for it so hard, it's not like he's your brother! – the teacher said and gave me an A. The classroom echoed with a sudden burst of laughter and applause.

– He earned it, without a doubt! You can tell he studied! Congratulations! – they said.

That was the first and last time I received a grade that I did not earn. Even though we were very much alike, there was no need for one to study for both of us. As we grew older, so did our differences, and we began to wear different clothing. So anyone could easily tell us apart.

At that time, father was teaching us chess, so he played with us almost every day. He was patient at it, and we had exhibited a great deal of interest for this ancient game. Since we were beginners, he would easily defeat us and would also point out any mistakes we made during decisive moves.

However, as time moved on, we were getting better and more skilled, at times even managing to get to a stalemate. Father didn't care who won, he only insisted that we adhere to the rules and not withdraw our moves.

We gained some experience in the chess club, and we also had some manuals which were of great use to us. After several months of regular play both with each other and other people, we gained a great deal of confidence in our skills, so we scheduled some more matches with father.

While our grandmother and mother were sitting in the other room watching some movie, father and I were setting up the chessboard in the kitchen. My brother was to be the judge and observer, even though he was heartily cheering for me of course. Father was relaxed and playing casually, probably thinking he would wipe the floor with me. But little by little, I won my first game. He was pleasantly surprised and said:

– Well, that was a long time coming…

The second game lasted far longer. I was sure of myself again, whereas father was getting nervous and started to put more effort into the game. My brother was silently watching on the side and whenever one of my pieces was in danger, he'd fake a cough.

I barely managed to get a stalemate, which meant a lot to me in gaining confidence. The third game was the deciding one, and already at the start, father gained a huge advantage. Realizing I was about to lose, my brother went into the other room and told mother:

– Come see father losing and withdrawing his moves!

Mother doesn't know anything about chess, but she did believe him and immediately started teasing father.

– If you can't be a good sport and take a loss, then don't play. A seasoned player withdrawing moves. You ought to be ashamed!

– What the hell are you talking about? – father asked.

As they bickered, my brother took the opportunity to hide one of father's pieces. The match soon resumed, but now I had the advantage. I made full use of it, and father soon admitted defeat.

To this day, I do not know how he failed to notice, or perhaps he was just pretending in order to make the game more uncertain.

Either way, all three of us were victorious.

GRANDMA RETURNS FROM THE HOSPITAL

– Hey people, here I am! – said grandma nervously while entering the room.

We looked at her with disbelief because, on that very morning, she had ended up at the hospital because of her deteriorating health.

– My doctor told me I only had 20-something years of life left. I can eat and drink as much as I want, but he advised me to refrain from driving my car and to cut down on running – said grandma, putting her belongings in the same old place.

– Just 20? That's too little. – Said my father wonderstruck.

– Oh my God, are you there? Where did we go wrong? – My mother asked.

– It's not that bad grandma, keeping in mind that you are exactly 80 years old now. – I said.

– I know that very well, my child. But, that's not the point. One hundred years is the bottom line in our family. We are not only very smart, but also long-lived.

That's what our horoscopes indicate, as long as anyone could remember. At the moment, I'm worried about how you are going to do without me in 20 years. Who would turn on the washing machine? Who would feed the fish in the aquarium? Who would argue with neighbors? – Grandma answered, emphasizing that she especially appreciated the fact that we couldn't live without her for a second.

It seemed that grandma's unplanned return from the hospital disrupted everything. We got used to the silence, quietness and being alone, and then a surprising arrival of the commander-in-chief ruined that idyll. My dad was taken aback by this and my mother volunteered to go to the hospital instead of grandma, even though she was completely healthy. However, they would not accept her just like that.

My dad told us to be patient for the next 20 years and that it would pass quickly. Mother mentioned someone called Methuselah, but my father said he did not know him. Grandma immediately continued from where she had stopped, and we all took a turn to submit our daily reports on developments in the house while she was absent.

Our parents had the role of executive directors, while my brother and I were observers and, if necessary, clerks. Everything went well and nobody complained, and even if somebody did, everything would still be the same. All in all, we were an extremely harmonious family. A lot of people envied us for that, and some of our neighbors would say that it was not easy to endure and that our mom deserved a medal. The two of us did not quite understand all that, although we had nothing against our diligent mom being rewarded.

That same night we went together to visit old friends of ours who were throwing a celebration, with many guests and children. We were given a very warm reception and our grandma was seated at the head of a huge table. A middle-aged lady was sitting just across her, and she was looking closely at us and was full of questions for us.

– Who is older of you two? Do you have any girls? Are you good at school? – She wanted to know everything, one question after the other.

When asked who we liked more, dad or mom, our grandma voluntarily came forward to answer the question, emphasizing that she always came first to all of us and that it could not be compared to anything else!

However, it seemed that the lady was not satisfied with the answer and just kept on asking all sorts of questions as if we were little babies. She obviously didn't have any bad intentions; the more appropriate excuse would be that she did it out of boredom. At that moment grandma had enough of it.

– What is wrong with you today? Leave those kids alone, they can't eat because of you!

The lady's face suddenly blushed and she became silent. It seemed as if she went through the floor out of shame while we felt a major relief. Dad was sitting near and he quietly commented:

– Grandma, you're the boss...

My mother turned her head to the other side as if she was not with us. I couldn't tell how she felt, but it could be assumed.

After all, the celebration was not interrupted, and then we attacked the food.

MILUTIN DJURICKOVIC

GRANDMOTHER AND HER MARRIAGE

Even though she is already well into her 80s, our grandmother is still active, and thank God, of relatively preserved health. She always takes care of herself and we are trying to pay special attention to her. We satisfy her whims in various ways and obey in everything. Of course, she doesn't misuse that, but actually knows how to appreciate it and returns the favor. We get on well with our grandmother because generally, it's always as she says.

What's wrong with her today? – My father wonders.
– It doesn't look like her. – My mother adds.

Grandma has her own companions and lady friends; she visits and socializes with them. One day, early in the morning, grandma was really dressed up, had prepared coffee for all of us and brought us together at the table, to tell us something important.

– I'm getting married! – She said briefly and clearly.

Father choked while we silently looked at each other.

– How come? – My father asked in disbelief.

– You'd be a beautiful bride! – My mother said enthusiastically.

– Will you have kids? – The two of us asked.

However, grandma was very serious and she said that her decision was final and irrevocable. She wanted to spend the rest of her life with someone with whom to socialize and have mutual respect.

– I'm very glad you'd be happy with someone, but I'm sad because you're leaving us. – My mother said.

– I will not go anywhere. – Grandma answered.

– He will come to live with us!

My father choked again, but this time it was much stronger and more serious. He started to roll his eyes as he could hardly believe what he had just heard.

– No good could come in speeding things up. Please, don't hurry with such decisions. – My father was somehow trying to convince grandma.

My mother expressed her wish to meet the grandmother's chosen groom, and my grandmother said that he was a very nice and caring old man, a long time agricultural engineer who had retired thirty years ago and was a little older than her.

– And his parents are very nice! – Grandma said proudly. – They are the genuine aristocratic family!

– His parents are alive? – My father wondered.

– Of course they are, but his grandfather is a little ill. – Grandma replied calmly.

That moment, things became less clear to us, but it was obvious that grandmother had fallen in love, and that she would not give up easily. However, she said that she had some problems with her future husband because his parents would not allow him to get married.

– Why don't they allow him? – We asked.

– Well, they say he is still young and immature for marriage. – Grandma said, making sad faces.

– They are absolutely right! – My mother added. – Why do you need that 80-year-old toddler! You deserve a better and more promising husband…

Our grandma was undecided for a little while, realizing that there was truth in our well-intended advice. She spoke with my mother and father for a long time, and they somehow managed to convince her that this was not the right decision for her and that she should hope for something else and much better. In the end, grandma concluded:

– If I don't get married in the next twenty years, then I'll give it up completely. I can choose, that is quite true, but there is no need to rush. To me, you come first, and I don't need anybody else! By the way, if he's worth something, he would be married by now…

– That's right. – My father said satisfied, heaving a sigh of immense excitement.

– The benefit of this would be like a male goat's milk. – My mother said.

Grandmother's decision to withdraw from marrying was welcomed with great satisfaction and obvious joy, although that day, she made quite a stir about it. Because, really, what's the rush?

MILUTIN DJURICKOVIC

AN IMPORTANT CONVERSATION WITH DAD

I really liked this blonde little girl at school. And of course, my mother wouldn't be a good mom if she didn't notice a change in my behavior, and she automatically knew what it was all about.

– I'm so happy! My son is getting married! And yes, you are the one to get married first because you're older. – Said my mom.

– Please mom, don't be like the others. – I tried to defend myself. – Don't you see I'm studying? – I said.

– You're not studying; you're just holding that book in your hands and you've been staring at the ceiling for almost an hour. Could somebody tell me where your intelligence has perished; if you still have any of it!

Then my brother came, and I knew he wouldn't tell the secret. I knew I could trust him. He went closer to mom with the intention of disclosing the secret about the girl I was thinking about. At first, I couldn't believe what was happening, but then I just observed what was going on calmly.

– Ma'am, I'll explain everything about his darling and whose daughter she is. Do you know that uncle Steve that runs that auto mechanic shop? – My brother said.

– Is that the shop at the end of the town, there behind the market? – Our mother asked.

– That's right. – My brother confirmed.

– And his wife works at the shoe store? – Our mother asked again.

– You see, you know. – My brother confirms and nods his head.

I am just listening to all this and sitting next to them, but I do not comprehend what's going on because the people they are mentioning had no connection to the girl.

– Well, that's a good family. – My mom said in a formal manner.

– Yes, they are nice people, but their daughter has nothing to do with this, it's a completely different girl! – My brother said and smirked playfully.

– Oh, come on, go to your room. I don't want to listen to you anymore! – Mom said. – You are completely the same! – Our mother said and closed the kitchen door. She understood that my brother was leading her on the wrong path, and thus left me alone.

However, that was not all. The news obviously reached my father very quickly. He probably thought that it was about some serious stuff, or who knows about what. He was extremely serious when he started his lecture in a confidential voice:

– My son, I know how you've fallen. I went through that long time ago and I understand you very well. Now, listen to me very carefully. All that glitters is not gold and don't trust her, especially if she's lying to you. Everybody should know and perform their duties! If you allow your mother-in-law to get involved, then your marriage is a lost cause!

– Hey dad, what are you talking about? – I tried to stop my father, who got carried away and became very serious. It all sounded a bit funny to me, and half of it, I didn't understand.

But that didn't stop him from continuing.

– They are all the same and that is why you should bang your fist on the table! And how much is three plus three? Let me hear it….

– That's two threes. – I said.

– That's not true. It's six! See, you have no idea, you're a little hoodlum and you want to win girls! – My father said and added:

– Nobody could ever cope with them, and how are you going to do that when you're still wiping your nose with your sleeve? My son, that is a big dark irony where the only feeling you could expect is regret. I've experienced numerous things and there's nothing I'm not acquainted with.

– So, may I ask you something if you know everything? – I said.

– Go ahead, ask! – My father replied.

– When is *Barcelona* playing?

– I think tomorrow!

That's how the conversation with my father on the topic of *first love* ended. Soon I realized that it was just like a charades game.

However, it didn't prevent us from starting a little chat.

ABOUT THE AUTHOR

Milutin Djurickovic was born in 1967 in Dečane. He earned his doctorate at the Faculty of Philosophy in East Sarajevo. He works as a professor at the College of Professional Studies for Educators in Aleksinac.

A collaborator of many newspapers and magazines. Represented in 40 anthologies of poetry and stories for children and adults. His poems were composed and individually translated into 20 languages.

Member of the Serbian Royal Academy, World Union of Poets, Association of Writers of Serbia and the Association of Journalists of Serbia.

He published 60 books for children and adults (poems, novel, story, critic, monography, anthology…).

He lives in Belgrade.

CÓMO CRECIERON LOS GEMELOS

Una colección
de cuentos
para niños

por Milutin Djurickovic

NUESTROS ORÍGENES Y NACIMIENTO

Mis antepasados procedían de una aldea de montaña, y como pasaron los años se trasladaron a una ciudad. El nombre de mi abuelo era Petar. Era joven cuando murió por alguna rara y desconocida enfermedad, y dejó la casa llena de niños. El mayor entre ellos era mi padre, que desde su temprana edad tuvo que cuidar de todo. Cuando creció se casó con una chica de un pueblo cercano. Después de un año de armonioso matrimonio, a lo largo de su camino sus sueños se hicieron realidad y tuvieron un bebé.

– ¡Debe hacernos un regalo ahora, tiene un hijo! – le dijeron a mi padre en un hospital de maternidad.

Ese día, el 1ro de julio, estaba muy contento y confundido al mismo tiempo.

– Por supuesto – respondió mi padre, cuando estaba a punto de comprar los regalos.

En diez minutos volvió a la sala de maternidad llevando regalos a la enfermera que le había anunciado la buena noticia.

–¡Tiene un hijo, debe hacernos un regalo ahora! –

Le dijo la misma mujer con una gran sonrisa en su rostro.
— Lo sé, me lo dijiste — respondió mi padre, expresando su gratitud y entregando los regalos.
— Sí, pero ese fue el primer hijo. ¡Hay otro!
Mi padre se quedó mudo y se bloqueó un momento.
— ¿Está segura? — preguntó agitado.
— Por supuesto, ¡felicidades! Tiene gemelos, y su mujer está bien y se está recuperando — dijo ella.
Sin titubeos, mi padre fue a buscar otro regalo. Se sentía como si tuviese alas. Trataba a todos sin excepción. Cuando regresó a la sala de maternidad, se dirigió a la misma enfermera:
— Dígame, ¿hay otros niños, así para no tener que ir de nuevo a traer regalos?
Naturalmente, la mujer comprendió la broma y añadió que mi padre era un hombre muy afortunado, ya que lo de tener gemelos no era una pequeñez.
Después de pasar algunos días en el hospital, satisfecha y feliz, mi madre regresó a casa con dos hijos en sus brazos. Toda la familia estaba emocionada y feliz, y ya estaban pensando sobre nuestros nombres. Todo el mundo tenía sus propias sugerencias:
— Jorgos y Dimitrios — dijo mi tío.
— Rambo y Dumbo — añadió otra tía.
Sin embargo, aunque todas las propuestas eran bonitas, nuestros padres decidieron que nuestros nombres serían Siniša y Saša. A todo el mundo le encantó, incluso el testigo de matrimonio fue informado. Sin embargo, todo cambió cuando nuestra abuela regresó desde los balnearios. Como era la mayor de la familia, su palabra era muy apreciada:
— No me gustan estos nombres, porque no tengo

dientes y no puedo pronunciarlos. ¡Llámenlos: Milutin y Milan!
Así es como los dos finalmente recibimos nuestros nombres. El padrino bendijo sólo lo que la abuela había dicho, y no hubo más discusiones. A medida que pasaba el tiempo, los dos crecíamos hombro a hombro. Dicen que éramos totalmente iguales, y sólo nuestra madre nos podía reconocer por la forma en que llorábamos.
– ¡Si este es Milutin, entonces el otro tiene que ser Milan!
– ¿Y si fuera al revés? – Decían los miembros de la familia.

Teniendo en cuenta que en esos días, hace casi 40 años, un embarazo de gemelos era una rareza - ¡teníamos que ser sellados juntos! Siempre nos compraban juguetes, comida, ropa y todo lo demás por dos. Este es el motivo por el cual no había razón para pelear ni discutir sobre nada. Los miembros de la familia dicen que éramos bebés buenos y tranquilos, y hemos tratado de ser personas así más tarde en la vida.

Nuestra abuela nos amó y cuidó de una manera especial, porque éramos sus primeros nietos. Todo el mundo nos mimó y protegió de la mejor manera posible. Las primeras palabras que dije no eran *mamá* o *papá*, ¡sino *abuelita*! Y la primera palabra de mi hermano fue: *¡dinero!*

Los primeros problemas surgieron cuando empezamos a caminar. Nos íbamos al gallinero, comíamos la tierra de las macetas, abríamos la puerta de la lavadora y bebíamos el agua que estaba en su interior, estirábamos nuestro gato como una honda, nos hechabamos leche uno sobre el otro ...

La abuela nos defendía siempre, diciendo que todavía éramos pequeños.

Éramos siempre el centro de atención, no importa qué tipo de celebraciones o invitados estaban involucrados. Todos decían que traíamos buena suerte y prosperidad, nos obsequiaban abundantemente y nos daban regalos, y nos gustaba mucho, así que íbamos con los vecinos aun cuando no era Navidad.

Nuestra abuelita a menudo solía contarnos canciones populares y canciones de cuna, mamá cuentos y cuentos de hadas, y nuestro papá algunos versos cuyo contenido no podíamos entender bien.

EL PRIMER DÍA EN EL JARDÍN DE INFANCIA

Todo el mundo estaba feliz y sobre todo emocionado cuando llegó el momento de asistir al jardín de infancia Nuestra mamá nos puso pequeños trajes elegantes y corbatas coloridas, mientras que nuestro padre hacía nuestros peinados mojando un peine en agua fría.
– Son guapos como su papá e inteligentes como su padre. – decía con orgullo y risa.
– ¿Estás seguro? – protestó mamá. – Como si no los hubiera traído a este mundo ...
El primer día en el jardín de infancia fue muy formal. Todo resonaba en juegos y canciones. Por lo general, ambos padres asistían a la bienvenida del jardín de infancia para una nueva generación de niños, pero a nosotros nos acompañó toda la expedición de diez o más miembros, comenzando con nuestra abuela, tías y tíos, ¡e incluso nuestros vecinos de al lado!
Nuestra delegación familiar ocupaba casi la mitad del jardín de infancia, mientras que otros invitados estaban de pie. La maestra principal estaba asombrada y preguntó:

– ¿Qué no trajeron más parientes?
Nuestro padre no entendió por completo la ironía, así que se disculpaba y justificaba.
– Por favor no nos culpe, los otros están ocupados y oficialmente ausentes. Es por eso que sólo algunos de nosotros hemos podido estar aquí...
Cuando la maestra escuchó esto, se quedó boquiabierta y no pudo creerselo. Mientras las cámaras fotográficas tomaban fotos por todas partes, los niños se dirigían individualmente al público, recitando varios poemas sobre el amor familiar, el hogar, la felicidad...
Todo el mundo esperaba con impaciencia nuestra actuación. Algunos niños tenían miedo escénico, comenzaban a llorar, y luego corrían a los brazos de sus padres. Sin embargo, cuando nosotros aparecimos en el escenario, ambos estábamos muy seguros y tranquilos. Nos pusimos de pie uno al lado del otro y empezamos nuestro canto coral:
Mi pequeña chica rubia / ¡Tu siempre estás en mi mente!
¡El público estaba aturdido! Nadie estaba seguro de lo que estaba pasando. La presentadora principal del programa reaccionó inmediatamente al darse cuenta de que era una canción inapropiada, no una recitación cotidiana para niños, y detuvo nuestra actuación.
– Muy bien. ¡Eso es todo! Vamos ya, ¡escuchemos a alguien más! – dijo nerviosa.
Sin embargo, para el asombro de todos, el público lo había encontrado lindo, por lo que nos recompensó con sonrisas y aplausos. La presentadora del programa estaba tratando sin éxito de sacarnos del escenario porque todavía estábamos diciendo los versos, mientras que las

risitas se notabanan entre el público.
- ¡Bravo a mis nietos! - gritó la abuela.
- ¡Besos de su padre! - exclamó nuestro padre.
- ¡Mis muñequitos! - nuestra madre se consoló.

La presentadora del programa sudaba; el color de su rostro cambiaba constantemente mientras ella nos rogaba que termináramos nuestro espectáculo. Sin embargo, no le prestamos atención hasta que llegamos al final y contamos la última línea de la canción que habíamos aprendido.

Así es como terminó nuestra primera aparición en el jardín de infancia "Blue Lock", y sería recordada por mucho tiempo. Para nuestra familia, fue otro éxito en la serie, pero sólo después descubrimos que la maestra principal había lanzado duras críticas a mi padre debido a la canción inapropiada que recitamos tan valientemente.

Sin embargo, a nuestro padre no le importó mucho. Él sólo sonrió y nos cerró un ojo. La mitad de la familia estaba envolucrada al ir al jardín de infancia todos los días, mientras que expertamente disfrutábamos de la atención y de los beneficios. Resultó más tarde que cinco de ellos (nuestra abuela, padre, madre, tía y tío) eran insuficientes para cuidar de nosotros, así que tuvieron que buscar una mujer que nos cuidara durante las horas de la tarde.

Era una hermosa mujer de mediana edad con gafas y cabello corto. Su nombre era tía Goga, pero nosotros añadimos "vieja bruja" a su nombre. Ella se encariñó con nosotros de inmediato y nos aceptó con gran amor. Pasaba todo el día con nosotros, especialmente durante los fines de semana, jugando con nosotros, dándonos comidas y bebidas.

Sin embargo, esto no duró mucho tiempo. Todo comenzó una tarde de invierno, cuando la tía Goga salió al balcón para tender la ropa que había acabado de lavar. Aunque hacía mucho frío afuera, salió por un segundo, cerrando la puerta detrás de ella. Había una verdadera tormenta en el balcón con grandes copos de nieve. Nosotros dos estábamos jugando dentro y en cierto momento, espontáneamente o por accidente, cerramos la puerta del balcón y continuamos jugando por nuestra cuenta.

Poco después, la tía Goga trató de entrar, ¡pero se sorprendió cuando se dio cuenta de que la puerta había sido cerrada! Al principio nos preguntó de abrir la puerta de una manera muy agradable, luego golpeó y gritó, pero cuando comenzó a congelar empezó a rascar frenéticamente la puerta, como un gato. Durante ese tiempo mi hermano y yo estábamos jugando al dominó en una cálida habitación, ignorando la situación en la que la niñera se encontraba.

A decir verdad, podíamos oír sus llantos y gritos, pero como nos habíamos dejado llevar por el juego no podíamos suponer la gravedad de la situación que había surgido. Para empeorar las cosas, a menudo íbamos a la sala donde no podíamos oír sus gritos de ayuda.

Ya que el balcón estaba en el tercer piso y daba al lado opuesto de la calle principal, nadie podía verla u oírla. De vez en cuando, entrábamos en la habitación para ver a la tía Goga a través del vitral, temblando y brincando en las puntas de los pies; la saludábamos con la mano y seguíamos con nuestro juego. No entendíamos sus palabras debido al fuerte viento, pero nos confundíamos aún más por las señales amenazadoras de su dedo y no sabíamos qué hacer. Duró sólo unas pocas horas, hasta que nuestros padres regresaron del trabajo. Otros miembros de la familia estaban fuera haciendo algunas visitas en alguna parte, de modo que el destino de la tía Goga estaba en las manos de Dios. Sin embargo, ese no fue el final de todo. Papá se retrasaba del trabajo y, apenas nuestra madre llegó, entró inmediatamente al baño para quitarse el maquillaje y lavarse las manos, y esto significó otros treinta minutos o más.

– ¿Dónde están mis hijos de oro? – dijo mamá. – ¿Se portaron bien otra vez?

– ¡Sí, mamita! – respondimos de inmediato, abrazándola.

Así que nos abrazamos y saludamos unos minutos más, hasta que nuestra madre preguntó:

– ¿Por qué están solos? – ¿Dónde está la tía Goga?

– No lo sabemos, mamá. Estábamos jugando en la habitación con nuestros juguetes – respondimos sinceramente e inocentemente.

Nuestra madre nos puso en el suelo y comenzó a buscar la niñera en otras habitaciones. Cuando vio a la mujer congelada en la terraza, gritó en voz alta e abrió la puerta inmediatamente.

– Por Dios, niños, ¿¡qué hicieron?! – gritó nuestra madre.

Estábamos mirando asombrados, sin entender todavía lo que estaba pasando, mientras que la tía Goga se había vuelto azul de frío, cubierta de nieve, rodando sus ojos y titiritando, ¡sin lograr decir ni una sola palabra! Mamá trajo el calentador y cubrió con mantas a la mujer que estaba helada hasta los huesos. Luego hizo

un té de manzanilla, pidiendo constantemente disculpas y amenazándonos.
- ¡Van a ver cuando llegue su padre!
- ¿Escuchaste lo que dijo tu madre? – me preguntó mi hermano.
- No me lo dijo a mí, sino a tí – Me defendí.

No recuerdo exactamente cómo terminó la situación, pero sé que la tía Goga no nos cuidó después de todo esto y nuestro padre le pagó una recuperación en un balneario.

UNA EXCURSIÓN EN LA MONTAÑA

Para nosotros, el jardín de infancia era divertido. Mientras los otros niños pequeños tenían dificultades en el compañerismo y en establecer amistades con los demás, nosotros ya nos habíamos acostumbrado a todo eso. Un día, nuestra maestra Annie avisó a nosotros, y luego a los padres por teléfono, de que nos íbamos a una excursión de un día a la montaña cercana. Nuestra familia, que siempre fue muy lista y responsable en todo, se lo tomó muy en serio. Ya que había estado encargada de las relaciones públicas, mi abuela recorrió la zona todos los días y notificó a todos los vecinos:
 – ¡Mis nietos van a una excursión!
 – ¿Y los otros niños? – preguntaron.
 – No sé nada de los otros. ¡Lo importante para mí es que nuestros gemelos van! – dijo la abuela.
 Debido a esa excursión papá tomó una licencia por enfermedad de un mes y mamá se tomó unas vacaciones. La preparación para la excursión fue muy rigurosa y extensa. A pesar de que la maestra dijo que todo estaba

provisto, y que en nuestras mochilas sólo debíamos traer sándwiches y jugos, nuestra familia preparó dos grandes maletas con ropa de verano y de invierno – por si acaso.

– No saben lo que es la montaña. El tiempo podría empeorar y luego qué? – dijo la abuela.

– Las maestras son jóvenes y no tienen experiencia así que no conocen su trabajo – dijo papá.

– ¿Qué voy a hacer sin mis niños todo el día? – se quejó mamá.

Nosotros estábamos tranquilos y observábamos seguir los preparativos. Todo el mundo trabajaba a toda prisa dando vueltas por la casa. Pronto las maletas se llenaron de nuestras cosas, así que tuvimos que tomar otra gran bolsa de viaje, en la que llevamos unos pares de calzados - desde sandalias y zapatillas hasta zapatos y botas.

A pesar de que la excursión duraba sólo un día, en nuestra casa había un tal desorden y un tal barullo como si tuviéramos que ausentarnos durante un año. Cuando terminamos de hacer las maletas, era tiempo de un gran discurso familiar. Cada uno de ellos tenía algo muy importante que decir o quería dar algunos consejos.

– Soplen en su sopa incluso si está fría – nos advirtió la abuela.

– No peleen con otros niños, pueden hacer eso el uno con el otro – dijo papá.

– Sepan la diferencia entre cepillo de dientes y cepillo de zapatos – dijo mamá.

Al despedirse, hubo lágrimas de cocodrilo. Mientras los otros niños lloraban porque se separaban de sus padres, con nosotros la situación era lo contrario: nuestra familia lloraba porque íbamos a pasar un día sin ellos.

Para los dos no era importante, siempre y cuando pasara algo.

La maestra se quejó de que habíamos llevado demasiado equipaje no necesario, pero papá no le prestó mucha atención, así que él mismo empujó las maletas y la bolsa en el autobús. Después, ocurrió otro problema. A papá no le gustaba que el autobús fuera de dos pisos.

– ¡Sientense en la parte baja, porque arriba no hay ningún conductor! – nos aconsejó papá.

La excursión a la montaña ocurrió en un ambiente agradable y con compañerismo. Nos convertimos en pequeños alpinistas; caminamos por los senderos del bosque y claros, disfrutando de las bellezas naturales de una gran montaña. Como los patitos siguen a su mamá pato, nosotros seguíamos a nuestra maestra. Cuando llegó la hora del almuerzo, nos esperaba una gran sorpresa. Un autobús se detuvo en la zona de estacionamiento en frente de nuestro hotel, y los miembros de nuestra familia salieron uno a uno.

La primera fue la abuela:
– ¡Niños! Hola, niños!
– ¿Dónde están, hijos míos? ¿Desde hace cuánto no nos vemos? – dijo papá.
– ¡Oh, cómo crecieron, mis críos! – gritó mamá.

Los dos observábamos silenciosamente lo que pasaba, mientras la maestra preguntaba con sorpresa:
– ¿Por qué vinieron? Habríamos vuelto después del almuerzo al fin y al cabo...
– ¿¡Cómo puede preguntar algo así!? No ve que queríamos ver a nuestros niños? – dijo la abuela mientras nos abrazaba y besaba delante de todos.

Después de casi una hora de decir hola y hablar

con nuestra familia, la maestra de alguna manera logró separarnos y llevarnos a almorzar. Mientras otros niños se preguntaban por qué nadie venía a visitarlos, nuestra abuela, papá, mamá y el resto nos miraban a través de la puerta de cristal del comedor del hotel, saludando y limpiando sus lágrimas.

–¡Nunca había visto algo así! – dijo la maestra, rogándoles que nos dejaran solos al menos mientras comíamos.

Regresamos de la excursión antes del atardecer. Hubo una fiesta indescriptible en nuestra casa. La abuela llamó a una orquesta, papá preparó grandes fuegos artificiales, mamá hizo dos buenos pasteles, en las que estaba escrito: ¡*Bienvenidos, pequeños alpinistas!*

Dado que los dos estábamos bastante cansados de la excursión, fuimos inmediatamente a nuestra litera, mientras que la celebración en nuestra casa duró hasta el amanecer

NIÑOS DEL BARRIO

Casi todos los días mi hermano y yo jugábamos con nuestros amigos en la calle, en el parque cercano o en el barrio. Nos reuníamos alrededor de un viejo banco, jugábamos futbol de salón o a las canicas o al balón prisionero. Nada podía interrumpir nuestro juego, ni siquiera el ruido de los coches desde la calle. Mientras mamá hacía la comida en la tarde, papá a menudo salía con nosotros para caminar en el parque o leer los periódicos en el banco.

Un día mientras nos estaba mirando jugar, papá vio a un niño con un largo cabello rizado, que estaba jugando con las chicas y luego pateando pelota con los chicos. Eso era divertido e interesante para él porque no podía decidir si era un niño o una niña. Estaba tratando de averiguarlo de alguna manera, esperando que alguien llamara a ese chico por su nombre. Sin embargo, no sucedió, así que papá se interesó más y decidió resolver ese dilema

 – ¡Oigan, niños! – papá nos llamó y susurró: – Traten de averiguar de alguna manera si es un niño o una

niña. Tengo mucha curiosidad. Pero intenten hacerlo de manera amable...
– Sí, papá – respondió mi hermano.
– Lo comprobaremos enseguida. – Dije yo y me fui con mi hermano hacia nuestros amigos.

Cuando estábamos cerca de ese niño, que alternativamente jugaba con muñecas y al fútbol con los niños, mi hermano le preguntó:
– Oye, ¿eres un niño o una niña?
– ¿Qué? – el chico se dio la vuelta, sin saber de qué se trataba.
– Papá, ¡es una niña! – Grité en voz alta dirigiéndome a mi padre, quien, al oír eso, quitó de inmediato la mirada y se cubrió el rostro con unos periódicos. No entendimos bien su gesto, pero estábamos orgullosos de que finalmente resolvimos el dilema de nuestro padre.

Se discutía a menudo entre los muchachos sobre cuál era el mejor papá, el más respetado, el más fuerte... Cada uno de nosotros tenía sus razones y argumentos, que remarcaba con orgullo, sin importar si fueran falsos o verdaderos. Aunque había exageradas fanfarronadas, para nosotros, parecían completamente aceptables y habituales.
– ¡Mi papá es el más valiente! ¡Él es tan capaz que puede beber agua del grifo de una vez! – dijo el moreno y alto Sasha, con confianza.
– ¡Eso no es nada! – añadió Zack. – ¡Mi papá puede viajar gratis en un taxi, sin que nadie se dé cuenta!

El regordete Tom no se fue sin un comentario sobre su padre.
– ¡No me creerán, pero mi padre es tan capaz que puede cerrar una puerta giratoria!

- ¿Cómo puede hacer eso? – todos nos preguntamos.
Mi hermano estaba escuchando todo con mucho cuidado y luego dijo:
- ¡Nuestro padre es el más chido, porque gasta el cheque de la abuela, y ella no lo sabe!
- ¡Pero eso no es todo! – Dije yo con orgullo. Cuando camina por la calle, todo el mundo le tiene miedo. Cuando pasa, nada hace ni un movimiento...
Así que, mientras duraban nuestra persuasión y nuestras discusiones entre nosotros, escuchamos alguien pedir ayuda y llorar.
- ¡Ayuda! ¡Un perro alsaciano se ha liberado de las cadenas!
Sin saber de qué se trataba, volteamos hacia la dirección de donde venía la voz de un hombre asustado, que gemía muy fuerte y pedía ayuda. Aunque nos sorprendió, no nos asustamos. Por el contrario, nos quedamos donde estábamos, deseando descubrir lo que realmente estaba pasando. Después de unos minutos de incertidumbre, a través de los árboles apareció la sombra de un hombre desconocido, corriendo y agitando las manos.
- ¡Huyan, niños! ¡Aquí viene el gran perro alsaciano!
Estábamos de pie y mirando con asombro. A medida que el hombre se acercaba, reconocíamos cada vez más el rostro de nuestro asustado padre, con ojos desorbitados y con los brazos abiertos, mientras corría y se subía por un árbol. En lugar del gran perro alsaciano, apareció tras él un pequeño caniche blanco, tan pequeño que apenas podía ladrar:
- ¡Guau, guau!
Mientras los otros niños se reían a carcajadas de

todo esto, los dos vimos la vergüenza de nuestro padre.
– ¿Éste es su valiente papá? – nos preguntaron burlonamente.
– Sí, él es – dijo mi hermano.
– No, no es él – respondí yo decepcionado.

Sólo más tarde, después de unas horas, cuando los otros chicos se fueron por el anochecer y el caniche regresó finalmente a su dueño, papá bajó del árbol y se fue a casa como si nada hubiera pasado.

Desde entonces, nunca hablamos de su valentía y gallardía con nadie.

CELEBRACIÓN DEL QUINTO CUMPLEAÑOS

Nuestro quinto cumpleaños no fue celebrado sólo por los parientes cercanos y lejanos, sino por la mitad de la ciudad. Fue una auténtica fiesta nacional. Todavía teníamos que usar pequeñas corbatas y alisarnos el pelo en la forma que nuestro padre amaba y luego tomar fotos con todos los invitados. Había de comer y beber hasta llenar y la música era demasiado alta. Debido a un gran número de huéspedes y sus coches, el tráfico en nuestra calle fue completamente detenido y la policía no hizo ningún problema, porque sabían lo que era.

En nuestra casa, resonaba: *¡Feliz cumpleaños, queridos gemelos!* Me pareció que a partir de ese día nuestras orejas se volvieron más largas, porque todos los invitados las jalaban, y algunos lo hacían con una sonrisa y deseo. Nuestra habitación se llenó de un gran número de regalos.

Sin embargo, nos encantaron más las mascotas. Mi hermano recibió un cachorro negro, y yo un gatito blanco. Eran tan lindos y cariñosos que no se podía resistir. Con los niños que habían llegado al cumpleaños comenzamos inmediatamente a pensar cómo los llamaríamos. Mi hermano sugirió los nombres Philip y Emy pero decidimos Judit para el cachorro e Irina para el gatito.

Cuando terminó la fiesta, nos tomó unos días volver la casa a su estado original. Los vecinos finalmente fueron aliviados del tremendo ruido y bullicio.

– Gracias a Dios, estaremos tranquilos hasta el próximo año – dijeron.

Después de este cumpleaños pasamos la mayor parte del tiempo con Judit e Irina ofreciéndoles constantemente algo para comer o beber. Pronto crecieron y estaban ya acostumbrados a cada uno de nosotros en la casa. Cuidábamos de ellos con regularidad, los sacábamos, los bañábamos con champús especiales y los defendíamos del frío.

Sin embargo, a medida que crecían era más difícil detenerlos en casa. Al principio no podíamos entender, pero después de las numerosas persuasiones de toda la familia, de alguna manera acordamos llevar nuestro perro adulto y el gato con algunos amigos en el pueblo.

Después de que crecimos un poco, nuestra madre nos confesó que esto fue hecho porque varias veces – por error o a propósito, todavía no está claro – nuestro padre fue visto comiendo comida para mascotas y el resultado fue remover al perro y al gato de la casa.

NUESTROS DESCUBRIMIENTOS FILOSÓFICOS

Desde niños, mi hermano y yo solíamos filosofar y pensar en el mundo que nos rodeaba. Durante el tiempo en que otros niños se revolcaban en la arena, jugaban a *la traes* o *escondidas*, nosotros nos ocupábamos de lecturas serias y de la interpretación de asuntos de vida y problemas. Mi hermano estaba interesado en las ciencias naturales, pero yo estaba más interesado en las sociales. Sin embargo, teníamos actitudes y opiniones muy similares en muchas ideas. Si la mañana muestra cómo será el próximo día, ya era obvio que seríamos una especie de eruditos y pensadores.

Mi hermano solía decir que habría estudiado astronomía y filosofía, pero nuestro padre le aconsejó algo más:

– No sirven de nada. Es mejor asegurarse de que no se inscriban en una escuela inútil - solía decir nuestro padre, riendo, no entendiendo, ni siquiera un poco, nuestra curiosidad de investigación.

Además de la historia y de la filosofía, yo estaba

interesado en la criminología, y papá tenía un comentario especial sobre eso:
— ¡No puedes inscribirte en criminología por tu infancia criminal!

No nos enfadábamos por su aparente falta de comprensión de nuestras ambiciones. Por el contrario, estábamos aún más dedicados a nuestra creatividad científica. No es que quiera presumir, pero en ese campo hemos logrado ciertos resultados en ciertas teorías filosóficas sobre las reglas de la vida y consejos concretos.

En cierto modo, como suele hacerse en los círculos profesionales, protegíamos nuestras invenciones y puntos de vista en la agencia de derechos de autor. De esta manera nos protegíamos del abuso o de posibles reescrituras, cada vez más frecuentes en nuestro país y en el mundo.

Para esta ocasión, voy a decir algunas frases básicas de nuestras teorías filosóficas que se refieren a algunos problemas generales en la vida cotidiana:

Si eres delgado y flaco hoy, serás así mañana.

A pesar de género, religión y raza, un chango es un chango.

No creas en quien te miente.

Antes de dormirte, estás obligado a quitarte las botas, pero también los lentes.

Espinoso es el camino hacia las estrellas y por lo tanto no debes ir descalzo...

Nuestro padre no tiene mucha comprensión por nuestros logros, y no lo culpamos. Sin embargo, mamá siempre dice que lo dejemos para un mejor momento, cuando esté descansada y de buen humor. Sólo nuestra abuela nos entiende hasta cierto punto. Afirma que somos científicos muy prometedores que superarán incluso a Sócrates.

A diferencia de los otros, la abuela a veces muestra interés corriendo a nuestra habitación para ver en qué nos ocupamos en nuestro tiempo libre. Cuando nos ve entre varios escritos y libros abiertos, pregunta siempre:
- ¿Niños, están bien? ¿Quieren algo de comer o beber? ¿Por qué no juegan, como todos los otros niños?
- Déjanos en paz, abuelita. Estamos justo a punto de hacer grandes descubrimientos científicos que beneficiarán a toda la humanidad – solíamos decir, pero obviamente no podía entenderlo.
- ¿Y de qué se trata, si puedo saberlo?

Estamos considerando un problema de proporciones globales, el siguiente: ¿por qué hay tanta sal en el mar, y no hay nada de pimienta? – respondimos a ella, esbozando nuestras observaciones y hechos irrefutables.

- Aquellos que se vuelven locos mientras son jóvenes, viven una vida llena de alegría – dijo la abuela, citando algunas fuentes que sólo eran conocidas por ella.

Por estas y otras razones, estábamos cada vez más cerca de la decisión final de estudiar filosofía cuando hubiera llegado el momento. Estábamos profundamente convencidos de que podíamos contribuir a la creación de un nuevo curso en este campo científico, que se basaría en nuestras suposiciones y teoremas.

Nuestros amigos, sin embargo, parecían no tener entendimiento para ello, bromeando a menudo sobre todo esto. Algunos decían que habríamos debido mantenernos alejados de los malos negocios porque no había uso de ellos.

Por supuesto, no nos enfadábamos y comprendíamos

su escepticismo. De todos modos, se sabe que otros grandes filósofos también se enfrentaron con diversas resistencias y eran malentendidos dentro del entorno social en el que vivían y trabajaban, así que ¿por qué deberíamos ser una excepción?

EXPERIENCIAS INUSUALES DE AJEDREZ

El quinto y sexto grado fueron particularmente interesantes para nosotros, porque habíamos conseguido algunos nuevos maestros, lo cual fue un cambio bastante agradable. Uno de ellos, un sustituto del maestro de geografía, era un hombre bastante distraído y olvidadizo. No abusamos de ese rasgo de su carácter, aunque a veces ocurrían situaciones divertidas. Una mañana muchos de nosotros debíamos contestar preguntas delante de la clase. Antes de mi, él estaba cuestionando a algunos otros estudiantes, cuyo conocimiento era más o menos bueno.

Luego fue mi turno. Su pregunta era acerca de algo que no había estudiado o repasado, así que permanecí en silencio todo el tiempo, ya que no quería quedar en ridículo y estando convencido de que iba a ser destrozado con una F. Mientras estaba allí más callado que un muerto, él miraba a través de la ventana, apoyándose en sus codos dejando volar su mente dios sabe dónde. Se despertó sólo después de varios minutos y dijo:

– Tu última respuesta fue un poco imprecisa, así que no puedo darte más que una B.

Enmudecí, incapaz de creer lo que estaba sucediendo. Yo no lo esperaba y estaba muy contento con el resultado inesperado. Sin embargo, mi hermanno se aseguró de que todo no terminara allí.

– Maestro, ¿por qué no darle una A de todos modos, se supo la mayoría de las preguntas? ¡Traiga un poco de felicidad al pobre chico, es Año Nuevo! Usted es un hombre honesto y él es un buen muchacho ...

– De acuerdo, como quieras. Aunque no sé por qué estás poniendo tanta presión, ¡no es como si él fuera tu hermano – dijo el maestro y me dio un A. El salón resonó con un estallido repentino de risas y aplausos.

– ¡Se lo ganó, sin duda! ¡Se nota que estudió! ¡Felicidades! – los otros dijeron.

Esa fue la primera y última vez que recibí una calificación que no merecía. Aunque éramos muy parecidos, no había necesidad que sólo uno de nosotros estudiara por los dos. A medida que crecimos, crecieron también nuestras diferencias y empezamos a ponernos ropa diferente. Y así cualquiera podía fácilmente distinguirnos.

Por aquella época, nuestro padre nos estaba enseñando ajedrez, así que jugaba con nosotros casi todos los días. Él era paciente, y nosotros habíamos mostrado un gran interés por este antiguo juego. Ya que éramos principiantes, él fácilmente nos vencía y remarcaba también cualquier error que hacíamos durante las jugadas decisivas.

Sin embargo, a medida que pasaba el tiempo, nos volvíamos mejores y más hábiles, a veces llegando incluso a un empate. A nuestro padre no le importaba quién ganaba, sólo insistía en que siguiéramos las reglas y no retiráramos nuestros movimientos.

Obtuvimos algo de experiencia en el club de ajedrez, y teníamos también algunos manuales que eran de gran utilidad para nosotros. Después de varios meses de juego frecuente entre nosotros y con otras personas, ganamos mucha confianza en nuestras habilidades, así que programamos más partidos con nuestro padre.

Mientras nuestra abuela y mi madre estaban sentadas en la otra habitación viendo alguna película, mi padre y yo arreglábamos el tablero de ajedrez en la cocina. Mi hermano era el juez y el observador, a pesar de que me hechaba porras vivamente a mí, por supuesto.

Mi padre estaba relajado y jugando sin darle mucha importancia, probablemente pensando que iba a barrer el suelo conmigo. Pero poco a poco, gané mi primer juego. Él se sorprendió amablemente y dijo:

– Bueno, ha tardado mucho en llegar...

El segundo juego duró mucho más. Estaba seguro de mí mismo de nuevo, mientras que mi padre se estaba poniendo nervioso y comenzó a poner más esfuerzo en el juego. Mi hermano miraba silenciosamente al lado y cada vez que una de mis piezas corría peligro, fingía toser.

Apenas conseguí un empate, cosa que significó mucho para mí para ganar confianza. El tercer juego fue el decisivo, y ya al principio nuestro padre ganó una gran ventaja. Al darse cuenta de que estaba a punto de perder, mi hermano entró en la otra habitación y le dijo a nuestra madre:

– ¡Ven a ver papá que pierde y retira sus movimientos!

Nuestra madre no sabe nada de ajedrez, pero le creyó y de inmediato comenzó a burlase de nuestro padre.

– Si no puedes ser un buen deportista y aceptar una

derrota, entonces no juegues. Un jugador experto que retira movimientos. ¡Deberias estar avergonzado!

– ¿De qué diablos estás hablando? – preguntó papá.

Mientras peleaban, mi hermano aprovechó la oportunidad para esconder una de las piezas de nuestro padre. El partido pronto continuó, pero ahora tenía yo la ventaja. Hice uso completo de ella y papá pronto admitió la derrota.

Hasta el día de hoy no sé cómo no se dio cuenta, o tal vez estaba sólo fingiendo para hacer el juego más incierto.

De cualquier manera, los tres fuimos victoriosos.

LA ABUELA REGRESA DESDE EL HOSPITAL

- ¡Ey gente, aquí estoy! - dijo la abuela nerviosamente mientras entraba en la habitación. La miramos con incredulidad porque esa misma mañana había terminado en el hospital debido al deterioro de su salud.
-Mi médico me dijo que sólo tenía 20 años de vida. Podría comer y beber lo que quisiera, pero me aconsejó que me abstuviera de conducir mi coche y parar de correr - dijo la abuela, poniendo sus pertenencias en el mismo viejo lugar.
- Sólo 20? Es demasiado poco. - Dijo mi padre maravillado.
- Oh, Dios mío, ¿estás ahí? ¿Dónde nos equivocamos? - preguntó mi madre.
- No es tan malo abuela, teniendo en cuenta que ahora tienes exactamente 80 años de edad. -Dije.
- Lo sé muy bien, hijo mío. Pero, no se trata de eso. Cien años es el punto crucial en nuestra familia. No sólo somos muy inteligentes, sino también de larga vida.

Eso es lo que nuestros horóscopos indican, siempre y cuando alguien pueda recordar. Por el momento, estoy preocupada acerca de cómo van a estar sin mí en 20 años. ¿Quién va a poner la lavadora? ¿Quién alimentaría los peces en el acuario? ¿Quién discutiría con los vecinos? – La abuela respondió, enfatizando que ella agradecía especialmente el hecho de que no podíamos vivir sin ella por un segundo.

Parecía que el regreso imprevisto de la abuela del hospital había interrumpido todo. Nos habíamos acostumbrado al silencio, a la tranquilidad y a estar solos, y luego la sorprendente llegada del comandante y jefe arruinó ese idilio. A mi padre esto le dejó sin saber que hacer y mi madre se ofreció voluntariamente a ir al hospital en lugar de la abuela, a pesar de que estaba completamente sana. Sin embargo, no la aceptarían así como así.

Mi padre nos dijo que tuvieramos paciencia durante los próximos 20 años y que pasarían rápidamente. Madre mencionó a alguien llamado Matusalén, pero mi padre dijo que no lo conocía. La abuela siguió inmediatamente desde donde se había detenido y todos por turno presentamos nuestros informes diarios sobre los acontecimientos en la casa mientras ella estaba ausente.

Nuestros padres tenían el papel de directores ejecutivos, mientras que mi hermano y yo éramos observadores y, si era necesario, secretarios. Todo salió bien y nadie se quejó e incluso si alguien lo hizo, todo siguió siendo igual. Al fin de cuentas, éramos una familia extremadamente armoniosa. Mucha gente nos envidiaba por eso y algunos de nuestros vecinos dirían que no era fácil soportar y que nuestra madre merecía una medalla.

Los dos no entendíamos bien todo eso aunque no teníamos nada en contra de que nuestra diligente madre fuera recompensada.

Esa misma noche fuimos juntos a visitar a unos viejos amigos que tenían una fiesta, con muchos invitados y niños. Nos dieron una bienvenida muy afectuosa y nuestra abuela se sentó en la cabecera de una enorme mesa. Una señora de mediana edad estaba sentada justo transversalmente a ella y nos miraba con atención y estaba llena de preguntas para nosotros.

– ¿Quién es mayor de ustedes dos? Tienen novias? ¿Son buenos en la escuela? – Ella quería saberlo todo, uno tras otro.

Cuando nos preguntó si queriamos más a papá o mamá, nuestra abuela voluntariamente se ofreció a responder la pregunta, recalcando que ella siempre era primero para nosotros y que eso no podía ser comparado con cualquier otra cosa!

Sin embargo, parecía que la señora no estaba satisfecha con la respuesta y simplemente siguió preguntando todo tipo de preguntas como si fuéramos pequeños bebés. Obviamente no tenía malas intenciones; La excusa más apropiada sería decir que lo hizo por aburrimiento. En ese momento la abuela se hartó de todo esto.

– ¿Qué te pasa hoy? Deja a esos chicos solos, ¡no pueden comer por tu culpa!

El rostro de la señora se sonrojó de repente y se calló. Parecía como si a ella se le hubiera caído la cara de vergüenza mientras nosotros sentimos un gran alivio. Papá estaba sentado cerca de nosotros y comentó en voz baja:

– Abuela, tú eres el jefe...
Mi madre volvió la cabeza hacia el otro lado como si no estuviera con nosotros. Yo no podía decir cómo se sintió, pero podría suponerse.

Después de todo, la fiesta no fue interrumpida, y luego atacamos la comida.

LA ABUELA Y SU BODA

A pesar de que estaba claramente en sus 80, nuestra abuela sigue activa, y gracias a Dios, tiene una salud relativamente conservada. Ella cuida siempre de sí misma y estamos tratando de prestarle especial atención. Satisfacemos sus caprichos de diversas maneras y obedecemos a todo. Por supuesto, ella no abusa de esto, pero en realidad sabe cómo agradecerlo y devuelve el favor. Nos llevamos bien con nuestra abuela, porque generalmente todo se hace como ella dice.

¿Qué le pasa hoy? – Se pregunta mi padre. – No es propio de ella. – añade mi madre.

La abuela tiene sus propios compañeros y amigas; Les visita y socializa con ellos. Un día, a primeras horas de la mañana, la abuela estaba vestida muy elegante, había preparado café para todos y nos reunió en la mesa para decirnos algo importante.

– ¡Me voy a casar! – Dijo brevemente y con claridad.

Nuestro padre se ahogaba mientras nosotros nos miramos silenciosamente.

–¿Cómo? – Preguntó mi padre con incredulidad.

– ¡Serás una hermosa novia! – Dijo mi madre con entusiasmo.
– ¿Vas a tener hijos? – Preguntamos los dos.
Sin embargo, la abuela era muy seria y dijo que su decisión era definitiva e irrevocable. Quería pasar el resto de su vida con alguien socializando y en respeto mutuo.
– Me alegro mucho de que seas feliz con alguien, pero estoy triste porque nos vas a dejar. – Dijo mi madre.
– No iré a ninguna parte. – Respondió la abuela. – ¡Él vendrá a vivir con nosotros!
Mi padre se ahogó de nuevo, pero esta vez fue mucho más fuerte y más severo. Sus ojos empezaron a dar vueltas, ya que apenas podía creer lo que acababa de oír.
–No llevará a nada bueno acelerar las cosas. Por favor, no te apresures con tales decisiones. –Mi padre intentaba de alguna manera convencer a la abuela.
Mi madre expresó su deseo de encontrarse con el novio elegido por la abuela y ella dijo que era un anciano muy amable y afectuoso, un ingeniero agrónomo desde muchos años que se había retirado hace treinta años y era un poco mayor que ella.
–¡Y qué bonitos son sus padres! – Dijo orgullosamente la abuela. – ¡Son una verdadera familia aristocrática!
– ¿Sus padres están vivos? – Mi padre se preguntaba.
– Por supuesto, pero su abuelo está un poco enfermo. – La abuela respondió con calma.
Ese fue el momento en que algunas cosas fueron menos claras para nosotros, pero era obvio que la abuela se había enamorado y que no se iba rendir fácilmente. Sin embargo, dijo que tenía algunos problemas con su futuro

esposo porque sus padres no le permitirían casarse.
- ¿Por qué no lo permiten? - Preguntamos.
- Bueno, dicen que todavía es joven e inmaduro para el matrimonio. - dijo la abuela, poniendo una cara triste.
- ¡Tienen completamente razón! - Añadió mi madre. - ¿Por qué necesitas a ese niño de 80 años? Te mereces un esposo mejor y más prometedor...
Nuestra abuela estuvo indecisa por un poco, dándose cuenta de que había verdad en nuestros consejos dados con buenas intenciones. Ella habló con mi madre y padre durante mucho tiempo y de alguna manera lograron convencerla de que ésta no era la oportunidad adecuada para ella y que debería desear algo más y mucho mejor. Al final, la abuela concluyó:
- Si no me caso en los próximos veinte años, lo dejaré completamente. Puedo elegir, eso es bastante cierto, pero no hay necesidad de apresurarse. ¡Para mí, son lo primero y no necesito a nadie más! Por cierto, si mereciera la pena, ya estaría casado...
- Así es. - Mi padre dijo satisfecho, lanzando un suspiro de inmensa alegría.
- Su provecho sería como la leche de la cabra macho.
- Dijo mi madre
La decisión de la abuela de anular la boda fue recibida con gran satisfacción y evidente alegría; aunque ese día hizo un gran revuelo. Porque, realmente, ¿cuál es la prisa?

MILUTIN DJURICKOVIC

UNA IMPORTANTE CONVERSACIÓN CON PAPÁ

Me gustaba mucho esa muchachita rubia en la escuela. Y por supuesto, mi madre no sería una buena mamá si no notara un cambio en mi comportamiento y automáticamente supo de qué se trataba.
— ¡Estoy tan feliz! ¡Mi hijo va a casarse! Y sí, tú eres el que se casa primero porque eres mayor. — Dijo mi mamá.
— Por favor mamá, no seas como ellos. — Intenté defenderme. — ¿No ves que estoy estudiando? — Dije.
— No estás estudiando; has estado solamente agarrando ese libro en tus manos y mirando fijamente el techo por casi una hora. ¿Podría alguien decirme dónde se ha metido tu inteligencia? ¡Si es que todavía tienes un poco!

Entonces vino mi hermano y yo sabía que él no revelaría un secreto, que podía confiar en él para cualquier cosa. Se acercó a nuestra madre con la intención de revelar de que chica estaba pensando. Al principio no podía creer lo que estaba pasando, pero luego sólo observé lo que estaba pasando con serenidad.

– Doña, se lo explicaré todo sobre su querida y de quién es hija. ¿Conoces a al señor Steve que dirige ese taller? – Dijo mi hermano.
– ¿Es el taller que se encuentra al final de la ciudad, detrás del mercado? – Preguntó nuestra madre.
– Así es. – Confirmó mi hermano.
– ¿Y su mujer trabaja en la zapatería? – Nuestra madre preguntó otra vez.
–Ya lo ves. –Mi hermano confirmó y asintió con la cabeza.
Yo sólo seguía escuchando todo eso sentado junto a ellos, pero no entendía lo que estaba pasando ya que la gente que estaban mencionando no tenía ninguna conexión con la chica.
– Bueno, es una buena familia. – Dijo mi mamá de una manera formal.
– Sí, son buenas personas, pero su hija no tiene nada que ver con esto, es una chica completamente diferente! – Dijo mi hermano y sonrió burlonamente.
–Oh, vamos, vete a tu habitación. ¡No quiero escucharte más! – Dijo mamá. – Son completamente iguales! – Dijo nuestra madre y cerró la puerta de la cocina. Ella había entendido que mi hermano le estaba dando pistas equivocadas y así me dejó solo.
Sin embargo, eso no fue todo. La noticia, obviamente, llegó a mi padre muy rápidamente. Probablemente pensó que se trataba de algo serio, o quién sabe qué, y se puso extremadamente serio cuando comenzó su sermoneo en una voz confidencial:
– Hijo mío, sé cómo has sido derrotado. Pasé por eso hace mucho tiempo y te entiendo muy bien. Ahora, escúchame con mucho cuidado. No todo lo que brilla es

oro y no confíes en ella, especialmente si te miente. ¡Todo el mundo tiene que conocer y llevar a cabo sus deberes! ¡Si permites que tu suegra se involucre, entonces tu matrimonio es una causa perdida!

— Oye papá, ¿de qué estás hablando? — Traté de detener a mi padre que se había dejado llevar y se había puesto muy serio. Todo me pareció un poco gracioso y no entendí la mitad de eso.

Pero eso no le impidió continuar.

— ¡Son todas iguales y es por eso que debes golpear tu puño sobre la mesa! ¿Y cuánto es tres más tres? Dimelo…

— Son dos tres. — Dije.

— Eso no es cierto. ¡Son seis! Ves, no tienes ni idea, pequeño vándalo y quieres ganar chicas! — Mi padre dijo y añadió:

— Nadie puede con ellas, ¿y cómo vas a hacer eso cuando todavía sigues limpiándote la nariz con la manga? Hijo mío, ésa es una gran oscura ironía donde la única sensación que podrías esperar es el arrepentimiento. He experimentado muchas cosas y no hay nada que no me sea familiar.

— ¿Entonces, si lo sabes todo, puedo preguntarte algo? — Dije.

— ¡Adelante, pregunta! — Mi padre respondió.

— ¿Cuándo va a jugar el *Barcelona*?

— ¡Creo que mañana!

Así terminó la conversación con mi padre sobre el tema del *primer amor*. Pronto me di cuenta de que era como en el juego de la pantomima

Sin embargo, no nos impidió iniciar una pequeña charla.

SOBRE EL AUTOR

Milutin Djurickovic nació en 1967 en Dečani. Obtuvo su doctorado en la Facultad de Filosofía de Sarajevo Oriental. Trabaja como profesor en el instituto de Estudios Profesionales para Educadores en Aleksinac.

Colaborador de muchos periódicos y revistas. Representado en 40 antologías de poesía e historias para niños y adultos. Sus poemas fueron compuestos y traducidos individualmente a 20 idiomas.

Miembro de la Real Academia Serbia, de la Unión Mundial de Poetas, de la Asociación de Escritores de Serbia y de la Asociación de Periodistas de Serbia.

Publicó 60 libros para niños y adultos (poemas, novelas, cuentos, críticas, monografías, antologías...).

Vive en Belgrado.

ÍNDICE

NUESTROS ORÍGENES
Y NACIMIENTO 51

EL PRIMER DÍA
EN EL JARDÍN DE INFANCIA. 55

UNA EXCURSIÓN
EN LA MONTAÑA 61

NIÑOS DEL BARRIO 65

CELEBRACIÓN
DEL QUINTO CUMPLEAÑOS 69

NUESTROS DESCUBRIMIENTOS
FILOSÓFICOS 71

EXPERIENCIAS INUSUALES
DE AJEDREZ 75

LA ABUELA REGRESA
DEL HOSPITAL 79

LA ABUELA Y SU BODA 83

UNA IMPORTANTE
CONVERSACIÓN CON PAPÁ 87

SOBRE EL AUTOR 90